INVENTAIRE.
X 27,692

MÉTHODE
DE LECTURE

PAR

M. LEFEBVRE

De Bernay-en-Ponthieu (Somme).

Adoptée en septembre 1862 par MM. les Frères de la
Congrégation de Saint-Joseph, dont la maison-mère
est au Mans (Sarthe), sur le rapport de plu-
sieurs Frères Directeurs chargés d'ex-
périmenter pendant l'année
scolaire 1861-62.

> Si la transition est brusque, il faudra
> de grands efforts.
> Si la difficulté paraît grande à l'enfant,
> il refuse de l'affronter.

PROPRIÉTÉ DE L'AUTEUR.

AMIENS
TYPOGRAPHIE ALFRED CARON FILS
Imprimeur-Libraire, rue de Beauvais, 42.
1866

1re LEÇON.

Etude des voyelles a, i, o.

1er §. a i a i a i a a i a
i i a i a a i a i i a i
a i a a i a i i a i a i
a i i a i a a i a i a i

Nota. — Il faut veiller avec la plus grande attention à ce que l'élève sache parfaitement chaque paragraphe avant de passer au paragraphe suivant.

2e §. o a o i o i o i a o
i o o a o i o i i o a o
o i o a a o i o a o o i
a a o i o o i i o a a o
i o a o i o i o a a o i

2ᵉ LEÇON.

Etude des consonnes *l, p, t*.

1ᵉʳ §. p l p l p l p p l p
l l p l p p l p p l p l
p l p p l p l l p l p l
l p l p l l p l p p l p

2ᵉ §. t p t l t l t p t l
t t p t l t l l t p t l
t t p p t l t p t l t p
t l t p t l t p t l t p
p t t l t p t l l t l t

3ᵉ §. o a o i o a a o i i
o o i o a o i o a o i o
a o o i o o a o i i o i

3ᵉ LEÇON.

Syllabes formées des consonnes *l, p, t*, suivies des consonnes *a, i, o*.

1ᵉʳ §. pa pi pa pi pa pi pa
pa pi pa pi pi pa pi pa pa
pi po pi po po pa po pi po
pi po pa po pi po po pa po

2ᵉ §. ta ti ta ti ta ti ta
ta ti ta ti ti ta ti ta ta
ti to ti to to ta to ti to
ti to ta to ti to to ta to

3ᵉ §. la li la li la li la
la li la li li la li la la
li lo li lo lo la lo li lo
li lo la lo li lo lo la lo

4ᵉ LEÇON.

Etude des consonnes m, r, v.

1ᵉʳ §. m r m r m r m m r
m r m r m m r m r m
r m r m m r m r m r m
r r m r m m r r m r r

2ᵉ §. v m v r m r v m v
r v v m v r v r r v m
v r v m m v r v m v r
v m v r v m v r v m v
r v m m v r v m v r r

3ᵉ §. o a i o a o i o o
a i o a o o i a a o o
t l t p l p t p t l t
l p l t l l p t l l p

5ᵉ LEÇON.

Syllabes formées par les consonnes m, r, v, suivies des voyelles a, i, o.

1ᵉʳ §. ma mi ma mi ma mi
ma ma mi ma mi mi ma mi
mo ma mo mi mo mi mo ma
mo mi mo mo ma mi mo ma

2ᵉ §. ra ri ra ri ra ri ra ra
ri ra ri ri ra ri ra ra ri ra
ri ro ra ro ri ro ri ro ra ro
ri ro ro ra ro ri ro ri ri ro

3ᵉ §. va vi va vi va vi va va
vi va vi vi va vi va va vi va
vi vo va vo vi vo vi vo va vo
vi vo vo va vo vi vo vi vi vo

6ᵉ LEÇON.

Etude des voyelles e, u.

1ᵉʳ §. a e a e i e o e i e
o e a e e o e i e a e i i
e a e i e o e e a e o e i
e i a e e o a e i e e o e

2ᵉ §. u a u i u o u e u a
u e u i u e u o u e u a
u e u u e u o u e u a u
e u a u e u o u e u u e

3ᵉ §. p l p l p i t p t l
t p t m p m l m t r m r
p r l r v r m v m v r v
t v r m v m r m r v r l

7ᵉ LEÇON.

Syllabes formées des consonnes *l, m, p, r, t, v,* suivies des voyelles *a, e, i, o, u,*

1ᵉʳ §. la lo lu li lu lo le lo lu
la lo le lu li lu lo li lu lo la

2ᵉ §. ma mo mu mi mu mo
me mo mu ma mo me mu mi

3ᵉ §. pa po pu pi pu po pe po
pu pa po pe pu pi pu po pi pu

4ᵉ §. ra ro ru ri ru ro re ro
ru ra ro re ru ri ru ro ri ru

5ᵉ §. ta to tu ti tu to te to
tu ta to te tu ti tu to ti tu

6ᵉ §. va ve vu vi vu vo ve vo
vu va vo ve vu vi vu vo vi vu

8ᵉ LEÇON.

Etude des consonnes *s j*.

1ᵉʳ §.

l j l j m j p j j m j
p j l j j p j r j r j t j
v j j t j v j r j j v r j
j r j v j t j j v j t j r

2ᵉ §.

s j s l s j s m s s j
s r s j s t s j j s v s j
s l s j s m s j s p s p s
j s j j s j s s l s j s v
s j j s t s j j s v s v t

3ᵉ §.

u i u e u o u e u a
u e u o e u a u o u e u
i u a u e u o u e u e u

9ᵉ LEÇON.

Syllabes formées des consonnes j, s, suivies des voyelles a, e, i, o, u.

1ᵉʳ §. ja je ja jo ja jo ja ja
jo ja jo je ja je ja jo je ja
je je ju ja ja je ju ja ju je

2ᵉ §. sa si sa si sa sa si sa
si sa so sa se si so se si so
se so su se su si su su so sa

3ᵉ §. la li lo le lu li la le
ma mi mo me mu mi ma mu
pa pi po pe pu pi pa pe pu
ra ri ro re ru ri ra re ro
ta ti to te tu ti ta te to
va vi vo ve vu vi va ve vo

— 11 —

10ᵉ LEÇON.

Etude des consonnes d, f.

1ᵉʳ §.
l d l d l d m d p d
d m d p d j d r d j d d
j d t d j d s d d s d s
v d j d v s d s d d s d

2ᵉ §.
l f l f m f p f f m
f d f d f d f j f d f t
f d s f f s f d v f d f
v d f s f f s d f t f d
f f j f d f d t d f m f

3ᵉ §.
u e i u i u a u o u a
i u i e i e u o u a i e o
u i u e u a u o e i u i a

11ᵉ LEÇON.

Syllabes formées des consonnes *d, f,* suivies des voyelles *a, e, i, o, u.*

1ᵉʳ §. da di da di da da di da
do de do di do do di do de do
du do de do du de do du di du

2ᵉ §. fa fi fa fi fa fa fi fa
fe fo fi fe fo fi fo fe fo fu
fo fe fi fu fe fi fu fi fu fi

3ᵉ §. da di da fi fa fi do du
da fu fo fe do di da fu fe fi
fo fi du do fu fe da di fi fa
di du fo fe do da fa fi de do

4ᵉ §. ja li mo pe ru si lo ve
da po mi la va le so lu vi ro
de la fa mi ro se lu di re ma

12ᵉ LEÇON.

Etude des consonnes c, ç, g.

On fera dire ç à l'élève sans l'obliger à faire mention de la cédille.

1ᵉʳ §. l c l ç m ç p c ç m
c p ç d ç r c d c ç d c
t ç d c s ç c j ç ɘ v c
d c v s ç j c ç s c d ç

2ᵉ §. l g l g m g p g g m
g c g ç g c g d g g c g
t g c g f g g f g v g ç
g v g f g g f g c g t g
ç g g d g c g ç d g c g

3ᵉ §. c o u a u e u i u o
e i a u o u e i e i u i
a u c u a u i u i e u a

13ᵉ LEÇON.

Syllabes formées des consonnes c, ç, g, suivies des voyelles a, e, i, o, u.

1ᵉʳ §. ça ci ça ci ça ça ci ça
ci ça ço ça ço ci ço ço ci ço
ce ço çu ço ce ci çu ci ço ce
çu ça çu çu ci ci çu ce ça ci

2ᵉ §. ge gi ge gi ge ge gi gi
ge ge gi gi ge ge gi ge ge gi
gi ge ge gi gi ge gi gi ge gi

5ᵉ §. ci da fi gi je lo me po
ru so ta vu ça fi ji mo ra tu
so pu lo gi da ci ge mu se va
ri le fi ça ju ra si ja di mo
ta ri gi fo me tu ça ja ci je

14ᵉ LEÇON.

Etude de la voyelle *é* et des syllabes de deux lettres qui en sont formées.

On fera dire é à l'élève sans l'obliger à faire mention de l'accent qui est dessus.

1ᵉʳ §. a é e é i é o é u é
é a é i é o é e u é a é

2ᵉ §. cé dé fé gé jé lé mé
pé ré sé té vé sé pé gé dé

3ᵉ §. ça ce cé ci ço çu, da
de dé di do du, fa fe fé fi
fo fu, ja je jé ji jo ju, la
le lé li lo lu, ma me mé mi
mo mu, pa pe pé pi po pu, ra
re ré ri ro ru, sa se sé si
so su, ta te té ti to tu, va
ve vé vi vo vu, ça de fi jo.

15ᵉ LEÇON.

Mots composés des syllabes de deux lettres étudiées dans les leçons précédentes.

le pa-pa, le la-ma, le sa-lé,
le fi-lé, le fé-tu, le dé-fi,
le pa-vé, le so-fa, le ma-ri,
le pa-ri, le rô-ti, le ju-ré,
le si-lo, le ju-ri, le le-vé,
le pâ-té, le so-fi, le vé-to,
le dé-pu-té, le pi-lo-ri,
le ré-mé-ré, le pa-ro-li,
le dé-fi-lé, le re-le-vé,
la cé-ci-té, la mo-ra-li-té,
la do-ci-li-té, la fi-dé-li-té,
la sé-vé-ri-té, la ri-va-li-té.

PREMIÈRE PARTIE.
2me CAHIER.

Méthode de Lecture

Par M. LEFEBVRE,
De Bernay-en-Ponthieu (Somme).

―――― 16ᵉ LEÇON. ――――

Suite des mots composés de syllabes de deux lettres.

le pa-pe, le ju-ge, le ri-te,
le to-re, le vo-te, le gî-te,
le ja-de, le po-re, le si-re,
le si-te, le to-me, le da-da,
le mô-le, le rô-le, le mâ-le,
le po-pe, le vi-de, le dô-me,
le pô-le, le pa-ge, le râ-le,

16ᵉ leçon (suite).

le pi - ra - te,   le pi - lo - te,
le li - pa - re,   le pa - ra - ge,
le ra - ma - ge,   le sa - la - ge,
le ta - pa - ge,   le la - va - ge,
le mé - ri - te,   le fo - ra - ge,
le mi - ra - ge,   le fu - ma - ge,
le lé - vi - te,   le ra - va - ge,
le re - fu - ge,   le ti - ra - ge,
le pa - va - ge,   le ré - gi - me,
le pe - la - ge,   le vo - lu - me,
le dé - ci - me,   le dé - lu - ge,
le pé - ta - le,   le po - ta - ge,
le pa - ra - fe,   le ci - li - ce,

17ᵉ LEÇON.

la pi-pe, la ra-ve, la pa-le,
la ta-pe, la li-me, la ra-me,
la la-me, la ma-re, la ja-te,
la pi-le, la ri-me, la ri-ve,
la vo-le, la la-ve, la mi-re,
la mi-te, la mu-re, la sa-pe,
la lo-ge, la ju-pe, la so-le,
la fi-le, la ra-ge, la to-ge,
la pa-te, la ra-te, la ci-re,
la mu-le, la pa-ge, la pâ-te,
la da-te, la du-pe, la ri-pe,
la ro-te, la tu-te, la ta-re,
la râ-pe, la va-re, la ti-ge.

17ᵉ leçon (suite).

la pe - lo - te,	la tu - li - pe,
la li - mi - te,	la po - li - ce,
la so - li - ve,	la ro - tu - le,
la sa - va - te,	la gi - ra - fe,
la fa - ça - de,	la mi - li - ce,
la mo - ra - le,	la ma - li - ce,
la sa - ma - re,	la si - li - ce,
la vo - li - ge,	la re - mo - le,
la ri - vu - re,	la vo - lu - te,
la vi - ro - le,	la si - lu - re,
la ro - tu - re,	la pâ - tu - re,
la to - ma - te,	la lé - vi - te,
la ra - fa - le,	la râ - pu - re,

17ᵉ LEÇON (suite).

la le-vu-re,   la mâ-tu-re,
la pe-lu-re,   la pa-ru-re,
la ra-mu-re,   la ra-re-té,
la sa-lu-re,   la sa-le-té,
la vi-gi-le,   la vé-ri-té,
la fu-mu-re,   la fi-lu-re,
la li-to-te,   la la-vu-re,
la mu-tu-le,   la mé-to-pe,
la pa-ro-le,   la pi-lu-le,
la da-tu-re,   la ra-tu-re,
la pa-ta-te,   la pe-lu-re,
la pa-ri-té,   la sa-ti-re,
la vi-le-té,   la do-ru-re,

17ᵉ LEÇON (suite).

le cé - le - ri, le dé - li - re,
le ci - ra - ge, le so - li - de,
le li - pa - re, le pe - lo - re,
le ma-ta-mo-re, le mo - de,
le pâ-tu-ra-ge, le mi - di,
le so-li-va-ge, le re - çu,
le ré-gi-ci-de, le ri - re,
le va-le-ta-ge, le pa - ri,
le vi-vi-pa-re, le lo - to,
le vo - la - ti - le, le pi - pi,
la vé - ra - ci - té, la vi-ta-li-té,
la té-mé-ri-té, la ti-mi-di-té,
la sé - vé - ri - té, la so-li-tu-de,

— 23 —

17ᵉ LEÇON (suite).

Phrases qui ne présentent que des syllabes de deux lettres.

pa - pa ri - ra,
pa - pa rê - ve - ra,
pa - pa vo - te - ra,
pa - pa ju - ge - ra,
pa - pa sé - vi - ra,
pa - pa gé - mi - ra,
pa - pa se - ra ra - vi,
ce ju - ré vo - te - ra,
pa - pa se - ra du - pé,
pa - pa se - ra ge - lé,
pa - pa se - ra le - vé.

pa - pa te la - ve - ra,
pa - pa te lo - ge - ra,
pa - pa me la - ve - ra,
ce la - ma pé - ri - ra,
pa - pa se la - ve - ra,
pa - pa se dé - ci - de - ra,
pa - pa me di - ri - ge - ra,
pa - pa me di - ra ce - la,
pa - pa se dé - ri - de - ra,
ce dé - pu - té vo - te - ra,
le si - lo se - ra vi - dé,
ce pa - vé se - ra jo - li,
ce pi - ra - te pé - ri - ra.

pa - pa te di - ri - ge - ra,
pa - pa te dé - ci - de - ra,
pa - pa di - ra la vé - ri - té,
pa - pa ré - ci - te - ra ce so - lo,
pa - pa fe - ra ce re - le - vé,
ce so - fa se - ra pa - ré,
pa - pa fe - ra ce re - le - vé,
ce la - ma se pâ - me - ra,
je ré - pa - re ce pa - vé,
ce rô - ti se - ra fi - ce - lé,
ce ju - ré se - ra re - je - té,
ce la - ma se - ra dé - vo - ré,
pa - pa la - ve - ra ce pa - vé.

pa - pa pa - re - ra ce so-fa,
pa - pa vi - de - ra le si - lo,
pa - pa ti - re - ra ce la - ma,
ce dé-pu-té se - ra re - je - té,
ta do-ci-li-te ra-vi-ra pa-pa,
le pa - vé se - ra sa - li,
ma li - me se - ra du - re,
la vé-ri-té se-ra di - te,
le po - ta - ge se - ra sa - lé,
ce pa - vé se - ra ré - pa - ré,
ce ré - gi - ci - de pé - ri - ra,
ce fé - tu se - ra sé - pa - ré,
ce dô-me se - ra é - le - vé.

pa-pa li-ra ce vo-lu-me,
ce rô-ti se-ra dé-pe-cé,
pa-pa fu-me-ra sa pi-pe,
pa-pa me li-ra ma pa-ge,
pa-pa li-me-ra ce dé-ci-me,
ce pa-vé se-ra dé-po-li,
ce-la se dé-ci-de-ra,
je ré-pa-re ce pa-va-ge,
pa-pa se-ra ju-ge,
pa-pa se-ra lo-gé,
ta ju-pe vo-le-ra,
ta pâ-te se-ra fa-de,
je vi-de ce si-lo.

je la-ve ma ju-pe,
ce po-ta-ge su-ri-ra,
ce pa-vé se-ra po-li,
ce so-fa se-ra ra-pé,
ce vo-lu-me se-ra lu,
ce pa-vé se-ra la-vé,
ce la-ma se-ra pâ-mé,
ce la-ma se-ra ti-ré,
le si-lo se-ra vi-dé,
ce pa-va-ge se-ra ré-pa-ré,
ma pi-le se-ra so-li-de,
ma lo-ge se-ra pe-ti-te,
ce dé-pu-té a é-té é-lu.

pa - pa sa-li-ra sa lé-vi-te,
pa - pa ré-ci-te-ra la vi-gi-le,
pa - pa vê-ti-ra sa lé-vi-te,
pa - pa a vê-tu sa lé-vi-te,
pa - pa ré-ci-te-ra sa pa-ge,
ma ja - te se - ra vi - de,
pa - pa se - ra di - ri - gé,
ma to - ma - te mû - ri - ra,
pa - pa fe - ra ta fa - ça - de,
ce dé-ci-me se-ra li - mé,
ce pi-ra - te te du - pe - ra,
ce pa-ra-ge se-ra ra-va-gé,
ce pi-lo-te se-ra la-pi-dé.

ce vo-lu-me se-ra ré-pa-ré,
le pi-lo-te ra-me-ra,
ce pa-vé se-ra lu-té,
ce-la se dé-ci-de-ra,
pa-pa à je-té sa to-ma-te,
ce-la se-ra ré-pa-ré,
ce ju-ré se-ra dé-pu-té,
ce dé-fi-lé se-ra li-mi-té,
pa-pa ré-pa-re-ra ce vo-lu-me,
ce dé-fi se-ra je-té,
pa-pa dé-vi-de-ra ce-la,
ce dé-pu-té se-ra é-lu,
pa-pa a é-té ra-vi.

pa - pa a je - té ce dé - fi,
ce dé - pu - té ju - re - ra,
pa - pa dé - ri - ve - ra ce - la,
ce pi - ra - te ra - me - ra,
le ju-ge dé-pu-te-ra ce ju-ré,
pa - pa a re - çu ce dé - fi,
pa - pa li - mi - te - ra ce dé - fi - lé,
ce - la se - ra dé - ri - vé,
ce pi-ra-te la-pi-de-ra le pi-lo-te,
pa - pa se fe - ra i - ci,
ce dé - fi se - ra re - çu,
pa - pa fe - ra ce vo - lu - me,
le pa - pe se - ra é - lu,
pa - pa se - ra le - vé.

pa - pa po - li - ra ce pa - vé,
pa - pa fe - ra ce re - le - vé,
ce ju - ré se - ra re - je - té,
la ja - te se - ra vi - de,
le pi - lo - te ra - me - ra,
ce - la se - ra sé - pa - ré,
ta ju - pe se - ra sa - le,
ce pi - ra - te te du - pe - ra,
pa - pa a ri.

FIN DE LA PREMIÈRE PARTIE.

(Propriété de l'Auteur.)

SECONDE PARTIE.
3ᵐᵉ CAHIER.

Méthode de Lecture
Par M. LEFEBVRE,
De Bernay-en-Ponthieu (Somme).

18ᵉ LEÇON.

Etude des voyelles composées *ai, eu, au*.

1ᵉʳ §. è ai è, e eu e, è ai è, e eu e
è ai è, e eu e, è ai è, è ai è, e eu e
e eu e, è ai è, e eu e, e eu e, è ai è
è ai è, e eu e, e eu e, è ai è, e eu e

2ᵉ §. ô au ô, è ai è, ô au ô, e eu e
ô au ô, e eu e, ô au ô, ô au ô, è ai è
ô au ô, è ai è, ô au ô, e eu e, ô au ô
ô au ô, e eu e, è ai è, ô au ô, e eu e

3ᵉ §. cè çai, dè dai, fè fai, jè jai, lè lai
mè mai, pè pai, rè rai, sè sai, tè tai
vè vai, dè dai, jè jai, mè mai, sè sai

4ᵉ §. ce ceu, de deu, fe feu, ge geu, je jeu
le leu, me meu, pe peu, re reu, se seu
te teu, ve veu, de deu, ge geu, re reu
dô dau, fô fau, jô jau, lô lau, mô mau
pô pau, rô rau, sô sau, tô tau, vô vau
fô fau, lô lau, pô pau, sô sau, jô jau
5ᵉ §. çai, dai, fai; geu, jeu, leu; mau
pau, rau; sai, tai, vai; ceu, deu, feu;
jau, lau, mau; pai, rai; seu, teu; vau
dau; fai, geu, jau, lai meu, pau, reu,
sai, tau, vai, ceu, dai, fau, geu, jau

19ᵉ LEÇON.

Mots composés des syllabes étudiées dans la 18ᵉ leçon.

le feu, le dé-lai, le la-pi-dai-re,
le re-lai, le jeu-di, le sau-ve-ta-ge,
le mi-li-tai-re, le so-li-tai-re, la sau-ce,
la tau-pe, la meu-le, la pau-me,
la meu-te, la de-meu-re, la mau-ve,
la mo-lai-re, la sau-mu-re, la pai-re.

20ᵉ LEÇON.

Etude des voyelles composées *ei, eau, ou.*

1ᵉʳ §. è ei è, ô eau ô, è ei è, ô eau ô, è ei è, ô eau ô, è ei è, è ei è, ô eau ô, ô eau ô, è ei è, ô eau ô, ô eau ô, è ei è, è ei è, ô eau ô, ô eau ô, è ei è, ô eau ô,

2ᵉ §. ou, è ei è, ou, è ei è, ou, ou è ei è, ou, ô eau ô, ou, ou, è ei è ou, ô eau ô, ou, ou, è ei è, ou ô eau ô, ou, è ei è, ou, ou, ô eau ô

3ᵉ §. cè cei, dè dei, fè fei, gè gei, lè lei mè mei, pè pei, rè rei, sè sei, tè tei vè vei, dè dei, gè gei, mè mei, sè sei çô ceau, dô deau, lô leau, mô meau, pô peau, rô reau, sô seau, tô teau, vô veau, dô deau, rô reau, mô meau. dou, fou, jou, lou, mou, pou, rou, sou, tou, vou, lou, fou, pou, dou, mou, jou.

4e §. cei, dei, fei; leau, meau, peau, rou, sou, tou; vei, lei, mei; ceau deau, reau; pei, rei, sei; seau teau, veau; vou, dou, fou; tei vei cei fei; deau, meau; rou, tou; vei dei; leau, peau; sou, tou; seau, veau; lou, pei, veau, sei, deau, jou, leau.

21e LEÇON.

Mots composés des syllabes étudiées à la 20e leçon.

le sou, le seau, le su-reau, le sou-ci,
le jou-jou, le ju-meau, le ri-deau,
le ra-deau, le sa-pa-jou, le pou-ce,
le lou-ve-teau, le sou-ri-ceau, la peau,
le sou-ri-re, le sou-ti-ra-ge, la pou-le,
le la-pe-reau, la rou-te, la pou-pe,
la se-mou-le, la sou-pe, la dou-ve,
la mou-le, la mou-tu-re, la sou-du-re,
la sou-pa-pe, la re-dou-te, la dé-rou-te.

22ᵉ LEÇON.

Résumé des syllabes étudiées à la 18ᵉ et à la 20ᵉ leçon.

1ᵉʳ §. è ai, e eu, ô eau, è ei, ô eau, ou, ou, ei, au, eau, ou, ei, eu, ai, ei, eau, eu, au, ei, ou, ai, au, eau, ei, ou, ai.
je li-rai, je ré-ci-te-rai ma pa-ge,
je ri-rai, je se-rai peu sé-vè-re,
je se-rai po-li, j'au-rai ce jou-jou,
je sau-te-rai, je me sau-ve-rai,
je ra-me-rai, je se-rai di-ri-gé,
je me sa-li-rai, je me la-ve-rai,
je se-rai pâ-mé, je se-rai ma-la-de,
je se-rai la-vé, je me vê-ti-rai,
je se-rai do-ci-le, je ra-vi-rai pa-pa,
je se-rai du-pé, je fe-rai du pâ-té,
je sa-le-rai le po-ta-ge,
je po-li-rai ce pa-vé,
je ré-ci-te-rai la vi-gi-le,
je fe-rai la sau-ce de ce rô-ti.

pa - pa a vu ta mu - le,
ce ri - deau se - ra la - vé,
pa - pa au - ra du rô - ti,
la voû - te se - ra so - li - de,
pa - pa ti - re - ra le ri - deau,
pa - pa au - ra la peau du veau.
je vi - de - rai le seau,
pa-pa sou-lè-ve-ra la sou-pa-pe,
ma to-ma-te se-ra rou-ge jeu-di,
pa - pa ai - me la mo - ra - le,
ce po - teau te dé - rou - te - ra,
pa-pa dou-te-ra de ta fi-dé-li-té,
ma pa - ge se - ra fai - te à mi - di.
je fou - le - rai la pâ - te,
je sou - de - rai ce - la,
je vi - de - rai la ja - te,
je mé - ri - te - rai ce jou - jou,
pa - pa fe - ra du feu,
ce jou - jou se - ra jo - li.

23e LEÇON.

Etude de la consonne n et des voyelles nasales *an*, *in*, *on*.

1er §. a n c n d n é n n f n m n i n m j n
l n n m n p n n r n m n m n u n v n
na né ni no nu ne nu né ni no na
è ai, è ei, e eu, ô au, ô eau, ou
nai nei neu nau neau nou neu nei
nai neu nau nou nai neu nei nou

2e §. an on an on an on an an on an
on on an on an an on an an on
an on an on an an on an on on
an on an on on an on an an on

3e §. an in an in on in on in an in
on in in an in on in on on in an
in on in an an in on in an in on
in in an on in in on on in an

4e §. çan dan fan jan lan man nan pan
ran san tan van ran lan nan fan pan

cin din fin gin lin min nin pin rin
sin tin vin rin nin lin fin pin tin fin
çon don fon jon lon mon non pon ron
son ton von ron non lon fon pon ton
5ᵉ §. çan dan fan, gin lin min pon ron son
tan van çan din fin pin; lon mon ron
sin tin vin lan man pan; ton von çon
jan ran; cin rin; don fon; pin sin
dan lan jon ton man pan din gin
von çon fin min fan san lon pon
jan rin don lin san mon cin jon
tin van son tan fon vin ran don

_____ 24ᵉ LEÇON. _____

Mots composés des syllabes de trois lettres étudiées dans la
20ᵉ leçon.

è ai, è ei, e eu, ô au, ô eau, ou, an, in, on
le pan, le ton, le ma-tin, le ma-çon,
le sa-tin, le ta-nin, le lai-de-ron.

le lin, le li-mon, le fa-non, le me-lon,
le van, le ti-mon, le sé-ton, le ro-tin,
le vin, le je-ton, le to-ton, le mâ-tin,
le ci-ron, le mi-ro-ton, le li-ma-çon,
le mû-ron, le pe-lo-ton, le pu-ce-ron
le ri-cin, le ro-ma-rin, le vé-té-ran
le ma-lin, le pé-le-rin, le mé-de-cin
le pa-tin, le po-ti-ron, le ci-ta-din
le ma-rin, le re-je-ton, le pon-ti-fe,
le lu-tin, le fan-tô-me, le pan-tin,
la fa-çon, la le-çon, la vi-gi-lan-ce,
la fon-te, la pin-te, la re-de-van-ce,
la jan-te, la ron-ce, la le-van-ti-ne,
la din-de, la pon-te, la pan-to-mi-me,
la de-man-de, la lan-ce, la ré-pon-se,
la pin-ta-de, la li-man-de, la vo-lon-té,
la san-da-le, la fi-nan-ce, la ro-man-ce,
la pan-se, la san-té, la fan-fa-ro-na-de.

25ᵉ LEÇON.

Phrases présentant les syllabes étudiées dans la 20ᵉ leçon.

è ai, e eu, ô au, ô eau, ou, an, in, on
ma - man ri - ra,
ma - man gé - mi - ra,
Si - mon fe - ra du ta - pa - ge,
je man - ge - rai ta pa - ta - te,
ma - man fi - le - ra,
ma - man rê - ve - ra,
le din - don vo - le peu,
pa - pa man - ge - ra sa pa - na - de,
ma - man me lè - ve - ra,
ta pe - lo - te se - ra ron - de,
ma - man me la - ve - ra,
ce pan - tin dan - se - ra,
pa - pa lon - ge - ra le ri - va - ge,
je vê - ti - rai mon pan - ta - lon,
ma - man me di - ri - ge - ra.

ma-man me di-ra ce-la,
ton ge-nou se-ra sa-le,
ma-man pa-re-ra ce so-fa,
ce po-ti-ron se-ra jau-ne,
ma-man a man-gé du mou-ton,
pa-pa man-ge-ra ma so-le,
ma-man sa-le-ra le po-ta-ge,
mon sin-ge dan-se-ra,
ton sa-pa-jou a dan-sé,
ma-man li-ra ma pa-ge,
ma-man ré-ci-te-ra la no-ne,
je man-ge-rai ma sou-pe,
la pou-le a pon-du,
pa-pa fe-ra le sou-ti-ra-ge du vin,
mon pa-pa se-ra ra-vi,
ce mou-ton a la lai-ne dou-ce
ma-man man-ge-ra sa sou-pe.

26ᶜ LEÇON.

Etude de la lettre *h* et des trois articulations composées *ch, ph, gn*, suivies des voyelles simples.

Les exercices entre () ne servent pas pour l'ancienne épellation.

1ᵉʳ §. (ch ph ch ph gn ch gn ph gn ch) cha châ ché chè che chi cho chu cha chè chi chu, châ chè cho che cho chè châ chu chi ché cha chu cho chi che — pha phâ phé phè phe phi pho phu pha phé phi phu phâ phè pho phe pho phé phâ phu phi phé pha phu pho phi phe — gna gnâ gné gnè gne gni gno gnu gna gné gni gnu gnâ gné gno gne gno gnè gnâ gnu gni gné gna gnu gno gni gne

2º §. cha, ché, che; phâ, phè, phi; cho, chu, phé, phe, pha; chè châ chô; phu phi, phe, che ché, pho, pha; chu cho; phé phu, chi chu phè phi, cho, pha, ché che, phi cha.

3ᵉ §. gna gné gne, phi, gno gnu gnè phu
gni gne gna phi gné gna gnô phe
gnè, gni gne, chu, phé, gno, gnu, gni
ché, phi, gne, gné, gni, cho phu gnâ
gni, gnè, phu, gna, gni gne ché, che
pha, gné, gne, chu, gni pho gne, gna
cha, gni, phu, gné cha, gno gnè, chè
pha, gnu, che gni pho, gna chu gne
4ᵉ §. le fi-chu, le si-gne, le pa-na-che,
le phé-no-mè-ne, le pei-gne, le pa-cha.
le du-ché, le pha-re, le chê-ne, le châ-le,
le li-gni-te, le cha-ton, le cé-no-ta-phe.
le cha-meau, le châ-teau, le che-veu,
la po-che, la tei-gne, la cha-pe, la ro-che,
la cha-pe-lu-re, la vi-gne, la cha-ri-té
la mon-ta-gne, la chi-mè-re, la li-gne,
la pha-lan-ge, la ro-gnu-re, la cho-pi-ne,
la ma-li-gni-té, la pha-lè-ne, la lâ-che-té.

27ᵉ LEÇON.

Étude des articulations *ch, ph, gn,* suivies des voyelles composées non nasales *ai, ei. au, eau, ou.*

1ᵉʳ §. è ai, è eï, e eu, ô au, ô eau, ou ei au ou eau ai eu ei au eu eau ou chè chai, che cheu, chô chau, che cheu, gnè gnai, gne gneu, gnô gneau, gne gneu,
2ᵉ §. chou gnou chou gnou chou chou gnou chou gnou gnou chou chou gnou
3ᵉ §. chai gneu chau gnai cheu gneau gneu chai gneau cheu gnai chau gneu chai gnai chau gneau cheu
4ᵉ §. chou chai chau gnai gneu gneau chai gneau gneu chou chau gnou.
le chou, le chau-deau, le chaî-neau, le chau-me, le chau-ma-ge, le chaî-non, la chai-re, la chaî-ne, la chau-de, la chau-mi-ne, la chau-ve-té.

28ᵉ LEÇON.

Etude des articulations *ch*, *ph*, *gn*, suivies des voyelles nasales *an*, *in*, *on*.

1ᵉʳ §. an, in, an, in, an, an, in an, on an, on, in, on, an, on, on, in, on, in, on, an, in, on, chan, chin, chon, chin, chan, chon, chin, phan, phin, phon, phin, phan, phon, phin, gnan, gnon, gnan, gnon, gnan, gnan, gnon,
2ᶜ §. chan, phin, chon, phan, chin, phon gnan, chon, phin, gnon, phan, gnan, chin, gnon, phon, gnan, chon, gnon, phan, gnan, phon, chan, gnon, chin, gnan, chon, gnon, le chan-ge, le man-chon, le dau-phin, le chan-teau, le si-phon, le pi-gnon, le mi-gnon, le chi-gnon, le re-chan-ge, le ro-gnon, le chin-che, le sa-li-gnon, le sé-ra-phin, le lu-mi-gnon. la chan-ce, la chan-son, la mé-chan-te, la mé-chan-ce-té, la chan-ti-gno-le.

28ᵉ leçon (suite).

je ché-ri-rai ma pe-ti-te mè-re,
mon pin-son chan-te-ra,
je se-rai la fa-ça-de de ce châ-teau,
ce fé-tu se-ra sé-ché,
je man-ge-rai de la sou-pe chau-de,
la bi-che de pa-pa se-ra dou-ce,
pa-pa chan-te-ra ce so-lo,
ma va-che va au pâ-tu-ra-ge,
je te ra-mè-ne-rai di-man-che,
la tau-pe a dé-ra-ci-né ce chou,
ce pa-pa se-ra ché-ri,
le la-pin man-ge-ra ton chou,
le chau-me se-ra sé-ché,
le man-che de ma lou-che se-ra fon-du,
mon pei-gne se-ra fin,
je man-ge-rai ma châ-tai-gne,
ma-man ché-ri-ra sa pe-ti-te Cé-li-na.

28ᵉ LEÇON (suite).

mon pa-pa se-ra ché-ri,
le vi-gne-ron va à la vi-gne,
ce che-min se-ra beau,
ce dau-phin na-ge vi-te,
je man-ge-rai ce chan-teau de pain,
le ro-gnon du veau se-ra rou-ge,
je chan-te-rai ma chan-son,
ma tan-che na-ge-ra vi-te,
ma-man au-ra de la chan-ce,
pa-pa ro-gne-ra ce vo-lu-me,
le chau-me se-ra dé-ra-ci-né,
ce che-veu se-ra fin,
je ré-pa-re-rai ce châ-teau,
ton cha-peau se-ra fin,
ma-man a chan-té ce so-lo,
pa-pa fe-ra le pe-la-ge de ce chê-ne,
pa-pa ché-ri-ra sa pe-ti-te Pau-li-ne.

29ᵉ LEÇON.

Etude des Diphthongues.

1ᵉʳ §. (ia ià ié io iu iè iai ieu ian ion ia ié) ci-a di-a fi-a gi-a mi-a ni-a pi-a ri-a si-a ti-a vi-a ri-é di-é fi-é gi-é li-é ni-é pi-é ri-é si-é ti-é vi-o ci-o di-o fi-o gi-o li-o mi-o pi-o ri-o vi-o ci-u li-u ci-ai di-ai fi-ai li-ai ni-ai ri-ai li-ai ci-eu di-eu gi-eu li-eu ni-eu pi-eu ri-eu vi-eu ci-an di-an fi-an li-an mi-an ni-an pi-an ri-an vi-an ci-on di-on fi-on gi-on li-on mi-on ni-on pi-on ri-on si-on vi-on di-on ci-a pi-é li-o di-ai di-eu ci-an ri-an ci-on di-a ri-é mi-o fi-ai gi-eu di-an mi-on li-eu vi-an ni-on li-eu vi-an ni-on pi-eu li-an.

2ᵉ §. le ta-fi-a, le di-a-li, le ci-me-ti-è-re, le pi-a-no, le pi-é-ge, le li-é-ge, le si-é-ge, le gi-o-re, le di-a-dè-me, le pé-ri-o-de,

29ᵉ LEÇON (suite).

le ra-ta-fi-a, le di-o-ra-ma, le ma-ri-a-ge,
le pi-é-ti-na-ge, la pi-è-ce, la di-a-ne,
la fi-o-le, la li-u-re, la li-a-ne, la ti-a-re,
la di-è-te, la di-o-de, la ta-ni-è-re,
la ri-vi-è-re, la va-ri-o-le, la re-li-u-re,
la ta-ni-è-re, la ci-vi-è-re, la fi-li-è-re,
la di-é-ti-ne, la fi-a-to-le, la lu-mi-è-re,
la li-ti-è-re, la vo-li-è-re, la va-lé-ri-a-ne,
la li-mo-ni-è-re, la mi-ni-a-tu-re,
la gi-be-ci-è-re, la pé-pi-ni-è-re, le li-eu,
le pi-eu, le mi-li-eu, le li-on, le ta-li-on,
le pi-an, le pi-on, le vi-o-lon, la vi-an-de,
le pi-é-dou-che, la ré-gi-on, la dé-fi-an-ce,
la va-ri-an-te, la mé-di-an-te,
la mi-li-ai-re, la sou-pi-è-re, la pi-o-che,
la su-pé-ri-eu-re, la pau-pi-è-re,
la sau-ci-è-re, la chau-di-è-re.

29ᵉ LEÇON (suite).

ma - man fe - ra di - è - te,
pa - pa a vu la ti - a - re du pa - pe,
je te ra - mè - ne - rai du ci - me - ti - è - re,
ce jeu - ne li - on se - ra fé - ro - ce,
ma - man rô - ti - ra la vi - an - de,
je tou - che - rai du vi - o - lon,
pa - pa man - ge - ra de la vi - an - de,
ton pi - a - no se - ra so - no - re,
pa - pa fe - ra u - ne chau - di - è - re,
ta dé - fi - an - ce me pei - ne,
ma - man tou - che - ra du pi - a - no,
pa - pa te fé - li - ci - te - ra de ton ma - ri - a - ge,
je lon - ge - rai la ri - vi - è - re,
pa - pa ai - me la lu - mi - è - re de la lu - ne,
ma - man a - van - ce - ra ce si - é - ge à pa - pa,
pa - pa fe - ra ce pi - é - dou - che,
ce pé - le - rin i - ra lo - in,

30ᵉ LEÇON.

Étude des quatre voyelles nasales *en, ain, ein, om*.

1ᵉʳ §. en ain en ain en ain en en ain en ain ain en ain en en ain en ain ain en ain en ain en en ain en ain ain en ain.

2ᵉ §. ein en ein ain ein ain ein en ein ain ein ein en ein ain ein ain ain ein an ein ain en ein en ain ein

3ᵉ §. ain om en om om ein om ain om ein om ain om ein om en om ein om en om om ain om om ein om en om ein om ain om ein om en om.

4ᵉ §. cen den fen gen len men nen pen ren sen ten ven den gen pen sen ven bain dain lain main nain pain rain sain tain vain dain bain main lain bom dom lom nom pom rom som tom rom som bom lom pom som.

5e §. le sein, le nain, le sain, le pom-pon, le pain, le se-rein, le len-de-main, le le-vain, le re-nom, le cein-tu-ron, le dé-men-ti, le pou-lain, le men-ton, le vi-lain, le dé-dain, le cen-te-nai-re, le men-son-ge, le sou-ve-rain, le ten-don, la main, la tein-te, la pom-pe, la pen-te, la fein-te, la gen-ci-ve, la dé-men-ce, la dé-cen-ce, la sain-te-té, la cein-tu-re, la sen-si-ti-ve, la ta-ren-tu-le, la tem-pé-ran-ce, la dé-fé-ren-ce, la di-li-gen-ce, la pé-tu-lan-ce, la men-di-ci-té, la sen-si-bi-li-té, le mon-dain, le cen-ti-me, le rain, le tain, le rein, le pein-tu-ra-ge, le re-main, le pom-pon, le gen-re, la sen-tè-ne, la pein-ta-de, la pom-pe, la pein-tu-re, la tein-tu-re, la ten-te.

31ᶜ LEÇON.

Etude de la consonne b.

1ᵉʳ §. b d, b d, b d, b b, d b, b d
ba bé bi bè be bé be bi bu bi bé ba
da bé dé bè dè be de bi di bo do bu du

2ᶜ §. le bo-bo, le ba-te-la-ge, le ba-di-na-ge,
le bi-lan, le bu-rin, le bé-né-di-ci-té,
le ba-lai, le bi-jou, le be-deau, le ba-teau,
le ba-ron, le bâ-ton, le cé-li-ba-tai-re,
la ro-be, la pa-ra-bo-le, la mo-bi-li-té,
la bû-che, la bo-bi-ne, la so-lu-bi-li-té,
la vo-lu-bi-li-té, la li-bé-ra-li-té.

3ᶜ §. ai ei eu au eau ou an en in ain on om
bai bei beu bau beau bou ban ben bin
bain bon bom bain ben bin bom bain.
le la-bou-ra-ge, le ban-da-ge, le ti-bi-a,
la ci-bou-le, la bou-tu-re, la beau-té,
la bou-le, la bou-che, la re-dou-te.

32e LEÇON.

pa-pa a bu du ta-fi-a,
ma-man a bu du ra-ta-fi-a,
pa-pa a bu ta fi-o-le de vin,
ce ro-ma-rin sen-ti-ra bon,
pa-pa a-chè-te-ra ce beau mou-ton,
ce bou-chon de li-é-ge na-ge-ra,
ma-man fe-ra du bon pain,
ma-man a-chè-te-ra ce jo-li bi-jou,
pa-pa me mè-ne-ra en ba-teau,
ton bâ-ton é-pou-van-te-ra ta mon-tu-re,
ma bou-le se-ra tou-te ron-de,
pa-pa fe-ra u-ne bou-tu-re de vi-gne,
la ba-lei-ne dé-vo-re-ra ce dau-phin,
la dan-se de ce fu-nam-bu-le te ra-vi-ra,
la bom-be é-pou-van-te le mi-li-tai-re,
Si-mon fe-ra la pe-ti-te bou-che,
Va-len-tin a fen-du ma bû-che,
Pau-lin a bu tou-te la bi-è-re.

33ᵉ LEÇON.

Etude des consonnes composées *pl fl fr tr pr*.

1ᵉʳ §. (pl fl pl fl pl pl fl fr fl fr pl fr fl
pl tr fr tr fr tr tr fr pl tr fl fr)
pla ple plé plè pli plo plu pla plé plo
ple plè plu ple pla plo plé pla plè plu
plè ple pla ple pli plè ple plu pli plo
fla fle flé fli flo flu fla fle fla fli flo
fle flè flu fle fla flo flé fla flè flu fli
flè fle fla fle fli flè fle flu fli flo
fra fre fré frè fri fro fru fra fré fro fre
fré fru fre fra fro fré fra fré fru fri fro
frè fre fra fre fri frè fre fru fri fro
tra tre tré trè tri tro tru tra tré tro
tre trè tru tre tra tro tré tra trè tru tri
trè tre tra tre tri trè tre tru tri tro
pra pre pré prè pri pro pru pra pré pro
pre prè pru pre pra pro pré pra prè pru
prè pre pra pre pri prè pre pru pri pro

2ᵉ §. pla ple plé flè fli flo fru fra fre tré
trè tri pro pru pra; plè pli flu fla fré frè
tra tre pré pri, plo plu fle flé, fri fro tru
tro pre prè; plo pli flé fru frè tré pre pra
plu flo fli fré tre tra pré plè ple fla flè
fro fri tru, pro pri, plé pla fle flu fra trè
fre tro tri pru prè plo fli frè tré pre tra
flu fro pli flo ple trè fru pré fra pri tro
flè pla fri plé tre fla pru fre plu tri flé
pla fle tru plè fré pro fli plè tro ple fru

34ᵉ LEÇON.

Mots et phrases qui présentent les syllabes étudiées dans la 33ᵉ Leçon.

le pli, le pré, le mu-fle, le plâ-tre,
le trô-ne, le mè-tre, le li-tre, le pro-te,
le tré-ma, le tro-pe, le fi-fre, le pâ-tre,
le prô-ne, le prê-tre, le di-plô-me,
le so-pra-no, le pla-ti-ne, le gi-ro-fle,
le pu-pî-tre, le fro-ma-ge, le plu-ma-ge,
le pré-ju-gé, le ma-lo-tru, le dé-ci-li-tre.

34ᵉ leçon (suite).

ce jeu-ne prê-tre te bé-ni-ra,
la ri-vi-è-re se-ra pro-fon-de,
la re-li-u-re de ce vo-lu-me a plu à ma-man,
pa-pa fe-ra le ma-ri-a-ge de ton frè-re,
ce pla-ti-ne se-ra fon-du,
je sè-me-rai le trè-fle de ma tan-te jeu-di,
Si-mon te mon-tre-ra ma mi-ni-a-tu-re.
ce ci-ta-din a van-té no-tre pro-vin-ce.
ma-man fri-ra ce sau-mon,
la vi-gi-lan-ce de ce mi-li-tai-re à plu à pa-pa,
pa-pa sè-me-ra vo-tre trè-fle de-main,
je rem-pli-rai ta fi-o-le de vin,
ma-man fe-ra le pli de ma ro-be,
je mè-ne-rai vo-tre va-che au pré,
Si-mon se pla-ce-ra à mon pu-pî-tre,
pa-pa a-chè-te-ra ce dé-ci-mè-tre,
je man-ge-rai du fro-ma-ge mou.

34ᵉ leçon (suite).

le plu-ma-ge de ma pou-le chan-ge-ra,
ce fra-tri-ci-de se-ra pu-ni,
ma-man pro-fi-te-ra de son pri-vi-lè-ge,
Pau-lin a jou-é de la flû-te,
pa-pa fe-ra le tra-cé de ce che-min,
ma-man ai-me la plu-me,
pa-pa ai-me peu la fri-tu-re,
ce prê-tre chan-te-ra la pré-fa-ce,
pa-pa me mon-tre-ra la pla-nè-te Ju-non,
je dé-mon-te-rai la pla-ti-ne de ma mon-tre,
ce mi-li-tai-re a u-ne ba-la-fre à la jam-be,
Si-mon dé-dai-gne-ra ta pla-ti-tu-de,
le ju-ge pu-ni-ra ta du-pli-ci-té,
pa-pa a bu le li-tre de bi-è-re,
je bo-bi-ne-rai la tra-me de la pla-ti-ne,
ma-man a en-ten-du le prô-ne,
pa-pa me prê-te-ra son mè-tre jau-ne.

35ᵉ LEÇON.

Syllabes formées des consonnes composées *pl, fl, fr, pr, tr*, suivies des voyelles composées non nasales.

1ᵉʳ §. ai ei eu au eau ou ai eu ai eu.

2ᵉ §. plai plei pleu plau plou plei pleu
flai fleu flou fleu flai fleu flou flai fleu
frai freu frau freu frai frau frai freu
trai trei treu trou trai treu trei trou
prai preu prou prai prai preu prai prou

3ᵉ §. fleu plai frau preu trou frai prai
trou plau flai frau trai prou treu frau

4ᵉ §. le frai, le tru-meau, le peu-ple,
le trai-té, le mou-fle, le trou-peau,
le pro-lé-tai-re, le trou, le trou-vè-re,
le fleu-ron, le fleu-ve, le fleu-ra-ge,
le flou-flou, le pleu-tre, le traî-neau,
le traî-na-ge, le trai-té, le traî-tre,
la preu-ve, la trai-te, la plau-ba-ge,
la flai-ne, la flou-ve, la frau-de,
la trou-pe, la traî-ne, la plai-ne.

35ᵉ LEÇON (suite).

je ti-re-rai le traî-neau de ma-man,
je trou-ve-rai le trou de la tau-pe,
ma mou-fle se-ra chau-de,
ce mi-li-tai-re fe-ra sa trai-te de-main,
no-tre trou-peau i-ra paî-tre au lo-in,
le ma-çon é-lè-ve-ra ce tru-meau,
no-tre peu-ple a é-té é-prou-vé,
le nou-veau trai-té se-ra si-gné,
mon la-pin trou-ve-ra son trè-fle,
je traî-ne-rai le ra-deau de ce ma-rin,
ce peu-ple se-ra é-prou-vé,
pa-pa te prou-ve-ra la vé-ri-té,
pa-pa traî-ne-ra ce ra-meau de sau-le,
Si-mon trou-ve-ra son che-min,
le pro-lé-tai-re a son mé-ri-te.

36ᵉ LEÇON.

Syllabes formées des consonnes composées *pl, fl. fr, pr, tr,* suivies des voyelles composées nasales.

1ᵉʳ §. an in on en ain ein om in en ain
ai ei eu au eau ou eau eu ai au

2ᵉ §. plan plin plon plein plom plain
flon flin flon flan flin flon flan flin
frin fran fron frein fran frain frein
pron pren prin prom prein pren pron
train tron tran trein trom trein train

3ᵉ §. plan flin fron prom trein pren frain
flon pren tron fran plin fran trin pron
train prein frain trom frein plom plain
plon flan trin pren fron plan tren prin

4ᵉ §. plai fleu prou trei frau prai flai treu
flan plai fran prou train pleu trin preu
prai fran plei tron fleu prou trein plein
plan frin preu flon trou prin plein tron
fran prin plon trei pren fleu plain frain

36ᵉ LEÇON (suite).

le frein, le flan, le plan, le train,
le fré-lon, le fron-ton, le ven-tre,
le tré-pan, le pré-nom, le sa-fran,
le cin-tre, le prin-ce, le flo-rin,
le pa-tron, le re-frain, le cen-tre,
le tron-çon, le fre-don, le trom-bo-ne,
le cen-ti-mè-tre, le cen-ti-li-tré,
la trom-be, la tran-se, la plain-te,
la fran-ge, la mon-tre, la pru-den-ce,
la pan-tou-fle, la plom-ba-gi-ne,
la pré-fé-ren-ce, la pré-ve-nan-ce,
la pre-tan-tai-ne, la re-mon-tran-ce,
la ren-trai-tu-re, la prin-ci-pau-té,
le prê-che, le cha-pi-tre, le pro-phè-te,
le chau-dron, la bran-che, le tri-a-ge,
la tran-che, la flè-che, la bro-chu-re,
le tru-che-man, le tri-o, le di-a-mè-tre.

SECONDE PARTIE.
4me CAHIER.

Méthode de Lecture
Par M. LEFEBVRE,
De Bernay-en-Ponthieu (Somme).

36e LEÇON (suite).

ma - man fe - ra du flan,
la fa-ri-ne de ma-man se-ra blan-che,
mon frè-re va au sé - mi - nai - re,
pa - pa plan - te - ra ce ri - cin,
ce ma - lin se - ra trom - pé,
la lu-mi-è-re de la lam-pe se-ra blan-che,
pa-pa lè-ve-ra le plan de ce châ-teau,
ce fré-lon é-pou-van-te ma mon-tu-re,
le pré-nom de mon frè-re se-ra Si-mon,
pa-pa di-ri-ge-ra ce train ra-pi-de,
ma-man ai-me la lu-mi-è-re blan-che,
la trom-be dé-ra-ci-ne-ra ce chê-ne é-le-vé,
je ché-ri-rai le jeu-ne Prin-ce.

37ᵉ LEÇON.

Etude des articulations composées *bl, br, dr, vr.*

1ᵉʳ §. (bl br bl br bl br br dr bl dr bl dr br dr vr dr vr vr dr vr vr dr vr) bla blâ ble blé blè bli blo blu bla bra brâ bre bré brè bri bro bru bra dra drâ dre dré drè dri dro dru dra vra vrâ vre vré vrè vri vro vru vra

2ᵉ §. bla brâ dre vré dri bro blu dro vri bre vra dra blé vre bli dré bro dru vri blu vre dro bri dra blo vrâ bru

3ᵉ §. le gi-vre, le sa-ble, le drô-le, le li-vre, le dra-me, le sa-bre, la bru, la bri-be, le bra-mi-ne, le ma-dré-po-re, la fi-bre, la brû-lu-re, la ta-ble, la bru-ta-li-té, la li-vre, la bri-de, la cé-lé-bri-té,

38ᵉ LEÇON.

Syllabes formées des articulations composées *bl*, *br*, *dr*, *vr*, suivies des voyelles composées.

1ᵉʳ §. ai ei eu au eau ou an en ain ein on om ei au ou en ain on ai eau

2ᵉ §. blai bleu bleau blan blin blon blain brai breu brou bran brin bron breu

3ᵉ §. drai dreu dreau dran drin dron dran vrai vreu vreau vrou vran vron vrai

4ᵉ §. blai breu dreau drin bron blen brin dran vreau dron brou blain dron bran drai blain vron brin brai dreu vron dreau brai vrai

le rou-bie, le blu-teau, le ta-bleau, le dra-peau, la pou-dre, le li-brai-re, le breu-va-ge, le gen-dre, la pau-vre-té, la dou-blu-re, la fi-è-vre, le nom-bre, la sa-la-man-dre, la bran-che, le bre-lan, la cen-dre, le vi-gno-ble.

38ᵉ leçon (suite).

pa-pa sè-me-ra le blé de ma tan-te,
je li-rai le li-vre de ma-man,
je pren-drai le sa-bre de pa-pa,
ce bû-che-ron man-ge-ra sa bri-be de pain,
pa-pa me li-ra ma fa-ble,
la bri-de de ma mon-tu-re se-ra du-re,
ce pu-ce-ron ron-ge-ra no-tre blé,
pa-pa ten-dra ce pi-é-ge au la-pin,
je sè-me-rai no-tre blé ven-dre-di,
je ten-drai ce pi-é-ge au li-è-vre,
ma-man a-van-ce-ra la ta-ble à pa-pa,
la gi-vre de ce sau-le gè-le-ra ta main,
pa-pa sè-me-ra de la cen-dre de-main,
la dou-blu-re de ma ro-be se-ra so-li-de,
le blu-teau sé-pa-re la fa-ri-ne du son,
ce pein-tre ven-dra son ta-bleau jeu-di,
ce pau-vre ma-la-de a la fi-è-vre,

39ᵉ LEÇON.

Syllabes formées des voyelles *a, o, i, u,* suivies des consonnes *l, r, s.*

1ᵉʳ §. al il al il al il al al il al il
il al ol al ol al ol il ol il ol
ul ol ul il ul ol ul ul ol ul ol

2ᵉ §. ar ir ar ir ar ir ar ar ir ar ir
ir ar or ar or ar or ir or ir or
ur or ur ir ur or ur ur or ur or

3ᵉ §. as is as is as is as as is as is
is as os as os as os is os is os
us os us is us os is us os us os

4ᵉ §. al ar as il ir is ol or os ul ur us il
ar il is ol or us ur il is al ar os or
al ir as ir ul as ol ir us ar ol is ul
ir as il ur os us is os ul is il os ul
as os ul as or is ur ol il us ir os ul
is or us il or is or us ir or us ul ol
is ur os al as ur os ar us il os us il

40ᵉ LEÇON.

Syllabes formées des consonnes simples suivies
des assemblages étudiés dans la 39ᵉ leçon.

1ᵉʳ §. bal dal fal mal nal pal sal tal val
bar dar far mar nar par sar tar var
bas das fas mas nas pas ras tas vas
2ᵉ §. bil cil dil fil gil mil nil pil sil til vil
bir cir dir fir gir lir mir nir pir sir tir vir
bis dis fis gis lis mis nis pis ris tis vis
3ᵉ §. bol dol fol mol nol pol rol sol tol vol
bor dor for lor mor nor por sor tor vor
bos dos fos jos los mos nos pos ros tos
4ᵉ §. bul ful mul nul pul sul tul vul ful pul
bur dur fur mur nur pur sur tur sur
bus fus jus lus mus nus pus rus tus fus
5ᵉ §. bal bil bor bur bas bis del dul dar
dos dus fal fil for fur fas fis gil gir
gis jar jor jus jas las lis lor lur mal
mil nor pus ras til vor tur ral pil
nor mul lar gir fos dus bal fil lor mus

40ᵉ LEÇON (suite).

le mur, le vol, le cil, le fil, le bal,
le bu-tor, le fas-te, le par-ti, le sol-de,
le to-tal, le na-dir, le té-nor, le bé-mol,
le tor-se, le tar-se, le ma-jor, le mar-di,
le ma-ras-me, le par-ta-ge, le fal-ba-la,
le pa-ra-sol, le mur-mu-re, le tu-mul-te,
le ju-ris-te, le par-ju-re, le sol-fé-ge,
le gé-né-ral, le tar-tu-fe, le mo-nas-tè-re,
le bar-ba-ris-me, le mi-nis-tè-re,
le jar-di-na-ge, le ba-var-da-ge,
la pis-te, la lar-ve, la tar-te, la por-te,
la bor-ne, la sol-de, la for-ge, la mar-ge,
la for-mu-le, la jus-ti-ce, la for-tu-ne,
la tar-ti-ne, la vé-tus-té, la mar-mi-te,
la ré-vol-te, la tor-tu-re, la var-lo-pe,
la mor-su-re, la pus-tu-le, la pis-to-le,
la sar-di-ne, la pos-tu-re, la sé-pul-tu-re.

40ᵉ Leçon (suite).

pa-pa sor-ti-ra ce ma-tin,
ma-man sor-ti-ra à mi-di,
mon frè-re sor-ti-ra de-main.
je sor-ti-rai jeu-di,
pa-pa par-ti-ra mar-di,
ma-man par-ti-ra ven-dre-di,
mon frè-re par-ti-ra sa-me-di,
je par-ti-rai di-man-che,
pa-pa me ra-mè-ne-ra mar-di,
je par-le-rai de ce-la à ma-man,
pa-pa par-le-ra au ju-ge,
mon frè-re par-le-ra au gé-né-ral,
pa-pa tar-de-ra à ve-nir,
ma-man tar-de-ra à par-tir,
mon frè-re tar-de-ra à sor-tir,
je tar-de-rai peu à re-ve-nir,
pa-pa tor-dra ce fil de pla-ti-ne.

40ᵉ leçon (suite).

ma - man ter - dra son lin - ge,
mon frè-re em-por-te-ra u-ne tar-ti-ne,
j'é-vi-te-rai de tor-dre la bou-che,
pa - pa chan - te - ra sur ce ton,
je pla-ce-rai mon je-ton sur ce nu-mé-ro,
je ren-tre-rai par le che-min vi-ci-nal,
ma-man dé-vi-de-ra ce pe-lo-ton de fil,
ma-man chan-te-ra ce mor-ceau,
le ma - çon fe - ra ce mur,
ton se-rin sor-ti-ra de la vo-li-è-re,
ce pi-é-ti-na-ge dur-ci-ra le che-min,
ce pin - çon te fe - ra mal,
je tou-che-rai la bar-be de la ba-lei-ne,
mon frè-re fe-ra la li-ti-è-re du che-val,
ce fil se-ra a-min-ci par la fi-li-è-re,
la lu-mi-è-re vi-ve te fe-ra mal,
ma-man par-ta-ge-ra la tar-te,

41e LEÇON.

Articulations *ch, ph,* suivies de *al, ar,* etc.

1er §. ai ei eu au eau ou an in on en
che ché chal char pho phis phos

2e §. le bar-beau, le bar-deau, le far-deau,
le bis-tou-ri, le bor-de-reau, le for-ban,
le lar-cin, la pou-lar-de, la mou-tar-de,
le tur-ban, la dis-tan-ce, la man-sar-de,
le fa-na-tis-me, la por-ce-lai-ne,
le char-bon, le tor-chon, le mar-ché,
le so-phis-me, le par-che-min,
le sul-tan, le pis-ton, le ta-lis-man,
le mir-li-ton, le ma-ré-chal,
le phos-pho-re, le for-ge-ron,
la pla-ce, la tra-me, la lè-pre, la flû-te,
la tra-ce, la trè-ve, la plu-me, la vi-tre,
la fri-tu-re, la pré-fa-ce, la pla-nè-te,
la nè-fle, la ba-la-fre, la pla-ti-tu-de.

41ᵉ LEÇON. (suite).

pa-pa por-te-ra ce far-deau,
ce bis-tou-ri te fe-ra peu de mal,
le pis-ton de la pom-pe se-ra lar-ge,
Si-mon a jou-é du mir-li-ton,
mon frè-re va à u-ne pe-ti-te dis-tan-ce,
ma-man brû-le-ra ce char-bon,
Cé-ci-le la-ve-ra son tor-chon,
ton ma-ré-chal trai-te-ra mon che-val,
pa-pa i-ra au mar-ché à mi-di,
la pou-lar-de se-ra ten-dre,
Cé-ci-le pren-dra peu de mou-tar-de,
ton che-val trai-ne-ra no-tre char,
pa-pa se-ra char-mé de ta dé-mar-che,
je fe-rai le par-ta-ge de ma for-tu-ne,
Jé-rô-me por-te-ra le blé au mou-lin,
je sor-ti-rai à la bru-ne,
ce gen-dar-me mon-te-ra à che-val.

42ᵉ LEÇON.

Articulations suivies de *air eur ovr, ais aus ous.*

1ᵉʳ §. air eur air eur air air eur air eur air eur air air eur eur air eur eur air our air our air our air our our air our

2ᵉ §. beur ceur deur feur geur jeur leur meur neur peur reur seur teur veur bour dour four jour lour mour nour pour sour tour flour dour flour

3ᵉ §. pair chair cheur gneur cheur chair gneur cheur chair gneur chair cheur bleur fleur pleur treur vreur pleur

4ᵉ §. beur ceur deur four jour lour pair chair cheur feur geur jeur mour nour pour gneur cheur gneur chair pair bour pair chair cheur gneur fleur dour flour mour bleur pleur treur pour bour flour vreur beur chair cheur gneur flour bleur fleur pleur

42ᵉ LEÇON. (suite).

5ᵉ §. ais aus ais aus ais ais aus ais aus ais aus ais ais aus aus ais aus aus ais

6ᵉ §. ous ais ous ais ous ais ous ous aus ous aus ous aus ais ous aus ous ais ous

7ᵉ §. bais fais lais nais pais rais sais tais vais bais rais pais lais fais faus maus saus chaus bous fous mous pous rous tous vous trous brous

8ᵉ §. bais fais maus saus tous vous lais nais maus saus trous brous pais rais maus faus trous brous sais tais

9ᵉ §. bais jour leur tais faus brous pour deur bais lans trous bour feur lais saus brous dour geur fais maus trous meur lais maus sous veur nais blous treur trous fleur flair brous chair pleur trous vreur chaus flour

43ᵉ LEÇON.

le four, le jour, le poir, le la-beur,
le vo-leur, le la-bour, le mi-neur,
le tu-teur, le pas-teur, le jour-nal,
le re-cé-leur, le sa-ti-neur, le tour-neur,
le pour-tour, le ma-jeur, le ba-te-leur,
le faus-sai-re, le chaus-son, le trous-seau,
le pê-cheur, le fau-cheur, le chas-seur,
le chan-teur, le chan-geur, le sei-gneur,
le sé-jour, le sa-peur, le four-neau,
la mous-se, la lais-se, la mous-se-li-ne,
la bais-se, la bous-so-le, la faus-se-por-te,
la rous-seur, la re-nais-san-ce,
la fa-lour-de, la tour-men-te,
la pu-deur, la fa-veur, la lar-geur,
la va-leur, la dou-ceur, la sen-teur,
la ru-meur, la sour-ce, la bour-se,
la chair, la four-che, la fleur,

43ᵉ LEÇON (suite).

ta dou-ceur char-me-ra ton maî-tre,
mon frè-re a bu à la sour-ce,
ce pê-cheur pren-dra u-ne tan-che,
ce fau-cheur cou-pe-ra no-tre blé,
ce chan-teur se fe-ra en-ten-dre de lo-in,
ma-man va me fai-re u-ne tar-te,
ma-man dé-four-ne-ra le pain,
ce vo-leur se-ra pu-ni,
ma-man cé-lè-bre-ra la chan-de-leur,
No-tre Sei-gneur a ra-che-té le mon-de,
ta ti-é-deur dé-plai-ra à ton maî-tre,
pa-pa a-chè-te-ra de la tour-be,
ma-man brû-le-ra u-ne fa-lour-de,
ma-man sor-ti-ra la tar-te du four,
por-te ton mor-ceau de pain à ce pau-vre,
ce la-bour a de la pro-fon-deur,
je pré-pa-re-rai le po-ta-ge sur le four-neau,

44ᵉ LEÇON.

c ayant la valeur du *k* devant *a, o, u.*

1ᵉʳ §. ca co cu cai cou cau can con com
co cou can cu cai ca con cau com
2ᵉ §. ca ça co ço cu çu cai çai can çan
con çon ca co çu ça cai can çai
çan ca çon co çai cu çan cai çon
3ᵉ §. le co-co, le ca-fé, le co-de, le ca-ti,
le cu-be, le cô-ne, le ca-li-ce, le ca-na-pé,
le ca-na-ri, le co-lu-re, le co-mi-té,
la ca-ni-ne, la fé-cu-le, la co-lè-re,
la ca-ra-fe, la ca-pu-ci-ne, la ca-du-ci-té,
la ma-cu-la-tu-re, la ca-ri-ca-tu-re,
la co-mè-te, la ca-ve, la ca-ba-ne,
la ren-con- tre, la ca-le, la ca-la-mi-ne,
le cô-teau, le ca-deau, le ca-veau,
le cou-cou, le cou-de, le cou-teau,
le cau-tè-re, le cou-ra-ge, le co-peau.

44ᵉ LEÇON (suite).

le vo-ca-bu-lai-re, le ca-ma-ra-de,
le cu-min, le co-ton, le can-di, le con-gé,
le fau-con, le ca-pen-du, le pé-li-can,
le com-pè-re, le con-vi-ve, le cou-ple,
le mon-ti-cu-le, le ca-mé-lé-on,
la cô-te, la sou-cou-pe, la ca-den-ce,
la con-fé-ren-ce, la dé-ca-den-ce,
la con-te-nan-ce, la con-cur-ren-ce,
la com-pé-ten-ce, la con-tin-gen-ce,
la con-fi-tu-re, la sé-cu-la-ri-té,
che gne chon pha bri dre pri ple fla
dran pli bre fri bre pre bri train
la com-pa-gne, la co-lo-pha-ne,
le ca-bri, le ca-dre, le du-pli-ca-ta,
le co-li-bri, le ca-pri-ce, le cou-ple,
le com-ble, le ca-dran, le co-con,
le ca-ne-ton, le con-com-bre, le fla-con,
le com-pli-ce, le fri-can-deau, le ca-ni-che,

45ᵉ LEÇON.

c dur suivi de *al. ar*, etc.

1ᵉʳ §. al ar as il ir is ol or os ul ur us
cal car cas col cor cos cul cur

2ᵉ §. le cap, le cha-cal, le cor-ri-dor,
le cor, le car-can, le cor-ni-chon,
le col, le car-lin, le cor-mo-ran,
le lo-cal, le cor-deau, le sar-cas-me,
le li-col, le car-ré, le col-por-teur,
le bo-cal, le cas-tor, le car-ti-la-ge,
le cor-me, le cal-cul, le ca-pri-cor-ne,
le cor-beau, la car-de, la cor-ni-che,
la cor-de, la co-rol-le, la mus-ca-de,
la car-re, la cas-ca-de, la fa-cul-té,
la cos-se, la car-cas-se, la cap-su-le,
la cas-se, la car-mé-li-te, la lu-car-ne,
la car-pe, la ca-rot-te, la bé-cas-se,
la cor-ne, la col-le, la dif-fi-cul-té,
le cal, le car-reau, le car-dè-re.

46ᵉ LEÇON.

c dur suivi de ais, our, etc.

1ᵉʳ §. cais caus cais caus cais cais
caus cous caus cous cais cous caus
cais cous caus cons cous cous cons
caus cons cais cons cons cous cais
cour caus cour cour cais cour cons

2ᵉ §. le cais-son, le cour-son, le cour-ba-ton,
le cour - ta - ge, le cons - pi - ra - teur,
la cour, la cour-be, la cour-ba-tu-re,
la cais-se, la cour-çon, la cour-ci-ve,
la cour-re, la cour-ti-ne, la se-cous-se,
la cour - ri - è - re, la caus - ti - ci - té,
la cour - si - è - re la cour - te - pau - me,
la cour - bu - re, la do - mi - ni - cai - ne,
la cons - tan - ce, la cons - ci - en - ce,
la cour - ge, la cir - cons - tan - ce,
la con - tor - si - on, la cour - te - poin - te,

46ᵉ leçon (suite).

C I J O P S V B D F L M N R
c i j o p s v b d f l m n r

ma-man se pla-ce-ra sur le ca-na-pé,
no-tre ca-ve se-ra pro-fon-de,
le maî-tre é-vi-te-ra la co-lè-re,
ma-man rem-pli-ra la ca-ra-fe de vin,
ma-man me fe-ra ca-deau de ce man-chon,
Da-vid ap-por-te-ra le li-cou du che-val,
Fé-li-ci-té a vu le bi-jou de la rei-ne,
Mar-tin a ren-con-tré Cons-tan-tin,
Da-vid me fe-ra u-ne cais-se de vi-o-lon,
Fir-mi-ne a-chè-te-ra du fil de co-ton
Flo-ren-ti-ne man-ge-ra de la con-fi-tu-re,
Bo-ni-fa-ce me fe-ra con-cur-ren-ce,
Lau-ren-ti-ne au-ra con-gé ce ma-tin,
Na-po-lé-on a jou-é du cor,
le col de Pau-lin se-ra pro-pre.

47ᵉ LEÇON.

g dar suivi de *a, o, u.*

ga go gu ga gu go gu go ga gu
le ga-ge, le lan-ga-ge, le lé-ga-tai-re,
le ga-lon, le pur-ga-tif, le pa-ga-nis-me,
le ba-ga-ge, le go-de, le ga-lan-da-ge,
le gâ-teau, le ga-rou, le pa-ga-nis-me,
la ga-le, la ci-ga-le, la mar-tin-ga-le,
la fi-gu-re, la ri-go-le, la re-din-go-te,
la bi-go-te, la vir-gu-le, la bi-ga-ra-de,
la gâ-che, la li-ga-tu-re, la sa-ga-ci-té,
la ga-lè-re, la ga-lo-che, la fi-gu-ri-ne,
la ga-lo-pa-de, la ga-ran-ci-è-re,
la ci-go-gne, la bri-ga-de, la fré-ga-te,
la go-be, la ga-lan-ti-ne, la fru-ga-li-té,
la sin-gu-la-ri-té, la pro-di-ga-li-té,
la ful-gu-ri-te, la mar-tin-ga-le,
le go-de-lu-reau, le gâ-te-pâ-te.

47ᵉ LEÇON (suite).

g dur suivi de *ai, an, al,* etc.

1ᵉʳ §. au ou an ain on al ol ar or as
gau gou gan gain gon gal gol gar gas
gour gous gout gour gout gous gor
gau gal gour gor gou gour gas gol
gar gout gain gour gor gour gal gout

2ᵉ §. le gol-fe, le gar-don, le gar-ga-ris-me, le gar-çon, le ré-gal, le gal-li-cis-me, le four-gon, le gour-din, le gar-de-main, le gou-jon, le dra-gon, le bri-gan-tin, le gar-don, le re-gain, le bi-gar-reau, le jar-gon, le gas-con, le fra-gon, le lan-gous-te, le gar-de-cham-pê-tre, la gal-le, la gaf-fe, la bi-gar-ru-re, la gan-se, la ba-gar-re, la gas-tri-te, la gout-te, la gour-de, la gon-do-le, la gaî-ne, la gou-ge, la gau-fre, la gous-se, la gor-ge, la gar-de.

47ᵉ Leçon (suite).

A B D E F G L M N R V
a b d e f g l m n r v

ma-man fri-ra ce gou-jon pour pa-pa,
A-dè-le cou-dra ce ga-lon à ma re-din-go-te,
ta sin-gu-la-ri-té sur-pren-dra pa-pa,
Pau-li-ne man-ge-ra ce bi-gar-reau,
ce lé-gu-me te sem-ble-ra bon,
je sè-me-rai de la cen-dre sur ce re-gain,
ce pi-lo-te di-ri-ge-ra la fré-ga-te,
An-ce-lin man-ge-ra u-ne gau-fre,
je pren-drai peu de ba-ga-ge,
An-gé-li-na pren-dra son pur-ga-tif,
Eus-ta-che re-non-ce-ra au pa-ga-nis-me,
ce gar-ga-ris-me te rin-ce-ra la bou-che,
Da-vid a mon-té sur le gar-de-feu,
j'en-fon-ce-rai la gar-gous-se de ce ca-non,
Pau-lin a vu le gar-de-cham-pê-tre.

48ᵉ LEÇON.

ABCDEFGHIJLMNOPRSTUV
a b c d e f g h i j l m n o p r s t u v

Mots où le *t* final est nul pour la prononciation.

le mot, le mât, le rat, le but, le pot,
le bât, le ré-pit, le sé-nat, le sa-bot,
ai ei eu au eau ou an in on en
le lait, le bout, le saut, le pe-tit-lait,
le ra-chat, le cho-co-lat, le mont,
le vent, le teint, le pont, le chant,
ma-man pré-pa-re ton pot de beur-re,
pa-pa at-tein-dra le but,
Bo-ni-fa-ce a vu la cham-bre du sé-nat,
le sa-bot de Pau-lin se fen-dra,
le trou-peau de Da-vid fe-ra du dé-lit,
ce jeu-ne ban-dit se-ra dé-te-nu,
Pau-lin a por-té son sou à ce men-di-ant,
ma-man fait la cha-ri-té: Di-eu la bé-ni-ra,
le con-ten-te-ment te ren-dra la san-té,

49ᵉ LEÇON.
Résumé de syllabes.

1ᵉʳ §. ai ei eu au eau ou an in on am em im om ain ein aim ar er ur ol our al ons is ir aus if ouf ud ous œuf gné char chi chaus che gneu tro phé prou tra dra tré tran prai flé fla bro brai fro trom fri par pnar pel tri cor cas gni fré pho tar tas tau rou

Syllabes et mots où l'e final est nul pour la prononciation.
Etude du z.

2ᵉ §. nie mée pie rue baie laie raie paie
le gé - nie, le ca - mée, le bain - ma - rie,
la rue, la de - mie, la fro - ma - ge - rie,
la pie, la mas - sue, la mé - lan - co - lie,

3ᵉ §. za ze zé zè zi zo zeau zan zon zar
le zè-le, le zé-ro, le zè-bre, le ga-zo-li-tre,
le ga-zon, le ba-zar, le col-za, le ba-zan,
le vi - zir, le di - zeau, le vi - zi - rat.

50ᵉ LEÇON.

Finales *s, d, c, p, ps, l, b, g, ds, cs*, nulles pour la prononciation.

1ᵉʳ §. le ba*s*, le sa*s*, le pa*s*, le ru-bi*s*, le ra-di*s*, le li-la*s*, le de-vi*s*, le ta-mi*s*, le se-mi*s*, le jai*s*, le rai*s*, le pa-nai*s*, le ta-pi*s*,

2ᵉ §. le ni*d*, le ré-chau*d*, le fon*d*, le bon*d*, le re-fen*d*, le tis-se-ran*d*, le pla-fon*d*, le nor*d*, le bor*d*, le lar*d*, le dar*d*, le re-nar*d*, le ri-flar*d*, le fou-lar*d*,

3ᵉ §. le ban*c*, le jon*c*, le mar*c*, le fran*c*, le tron*c*, le flan*c*, le bro*c*, le ta-ba*c*, le dra*p*, le cam*p*, le cou*p*, le ga-lo*p*, le cham*p*, le can-ta-lou*p*, le plom*b*,

4ᵉ §. le prin-tem*ps*, le cor*ps*, le tem*ps*, le sour-ci*l*, le four-ni*l*, le che-ni*l*, le ba-ri*l*, le cou-ti*l*, le gen-ti*l*, le san*g*, le ran*g*, le fau-bour*g*, le re-mor*ds*, le fon*ds*, le la*cs*,

51ᵉ LEÇON.

Er final ayant la valeur de *é.* — *t* sifflant.

1ᵉʳ §. ner ver ger cher ler ri-er li-er ni-er
le dî-ner, le le-ver, le ro-cher, le dan-ger,
le po-ta-ger, le dé-jeû-ner, le pê-cher,

2ᵉ §. la na-*ti*-on, la so-lu-*ti*-on, la pu-ni-*ti*-on,
la ra-*ti*-on, la dé-fi-ni-*ti*-on, la tra-di-*ti*-on,
la plan-ta-*ti*-on, la pré-ci-pi-ta-*ti*-on,

Syllabes et mots où *et* final a la valeur de *è*.

3ᵉ §. ret, let, net, met, cet, fet, vet, det, flet,
le ti-ret, le pa-let, le fi-let, le bou-let,
le jar-ret, le gi-let, le la-cet, le vo-let,

Exercices sur les syllabes *qua, que, quin,* etc.

4ᵉ §. in eur ir ein eu ol ar as ol it or os
qua qué que qui què quo qué qua quo
queur quir quin quain quon quit
le ta-quin, le vain-queur, le fa-quir,
le quan-ti-è-me, le qui-pro-quo, la pi-que,

52ᵉ LEÇON.

Articulations composées *cl*, *cr*. Syllabes *bac*, *bic* etc.

1ᵉʳ § cla clé cle cli clo clu cle cla cli clé clai clau clou clam clan clen clin clon

2ᵉ §. cra cré cre cri cro cru cre cra cri cré crai creu crou cram cran crin crain cron

3ᵉ §. cla cré clau crou clou cro clu cri cre clé crain clen cron cru clin crai

4ᵉ §. le cla-ve-cin, le clai-ron, le clou, le clan, le clam-pin, le dé-clin, le mus-cle, la crê-me, la cro-che, la cru-au-té, la crain-te, la cra-va-te, la clé-men-ce.

5ᵉ §. ac ic oc uc ouc anc inc ouc bac dac fac jac lac mac nac pac rac sac tac vac bic dic fic lic nic pic pic ric sic tic vic hoc doc joc noc roc noc roc soc toc boc duc juc luc suc tuc bouc lanc sanc tinc donc fonc jonc ponc

53ᵉ LEÇON.

(Voir les phrases dans la lecture transitoire page 15.)
Articulations composées *gl, gr, ail, eil, cuil, ouil.*

1ᵉʳ §. gla glé gle gli glo glu gle gla gli
glai glau glou glan glon gleu glan
2ᵉ §. gra gré gre gri gro gru gre gra gri
grai grou gran grin gron grain greur
3ᵉ §. gla gré glau grou glou gro glu gri
gré glé grais grip gros grap glis gret
4ᵉ §. le sei-gle, le gro-gnon, le grain,
le gru-au, le vi-nai-gre, le cha-grin,
5ᵉ §. ail bail mail pail rail sail tail vail
le mail, le rail, le dé-tail, le tra vail,
6ᵉ §. eil leil meil neil reil seil teil veil
le so-leil, le mé-teil, le ré-veil,
7ᵉ §. cuil deuil feuil reuil teuil seuil
le seuil, le deuil, le fau-teuil,
8ᵉ §. ouil bouil nouil souil mouil touil
le fe-nouil, le bouil-lon, le souil-lon.

(Il y a de longs exercices sur chaque difficulté dans la lecture transitoire.)

54ᵉ LEÇON (Y).

Faire nommer *y* comme *i*; faire épeler *by* comme *bi*.

1ᵉʳ §. by cy dy gy ly my ny py ry sy ty
cym mys syl sym syn sys tym vay

2ᵉ §. le cy-gne, le cy-nis-me, le cy-prin, la dy-na-mi-que, le gy-rin, la ly-re, le my-ri-a-mè-tre, le myr-te, le mys-tè-re,

Syllabes *tha, the,* etc. : *bien, cien, dien,* etc.

3ᵉ §. tha thé the thè thi tho thu thy thau thon thym thyr ther rha rhé rhe rhi rho rhu rhin

4ᵉ §. le thé, le thé-me, le rhu-me, le thym, la men-the, la rhé-to-ri-que,

5ᵉ §. bi-en ci-en di-en gi-en li-en mi-en ni-en pi-en ri-en si-en ti-en vi-ne

6ᵉ §. le sou-ti-en, le main-ti-en, le li-en, le mé-ri-di-en, le mi-li-ci-en, le pra-ti-ci-en.

55ᵉ LEÇON.

k, x, chr; voyelles composées *am, im, œu, un, oi, ui, oui.*

1ᵉʳ §. ka ki ky kou kin kier ker ki-on ki-os
le mo-ka, le ki-lo, le ka-o-lin, le ker-mès,
le joc-ko, le ki-lo-mè-tre, le ki-lo-li-tre,

2ᵉ §. xa xe xé xi xo xu xy xan xeur
le lu-xe, le li-xe, le mo-xa, le xy-lon,
le sa-xon, le bo-xeur, le xé-ro-pha-ge,

3ᵉ §. chré chrè chra chry chris christ
le chrê-me, le chrô-me, le christ,

4ᵉ §. am im œu am œu im œu œu am
œu im œu œu am œu im œu œu am

5ᵉ §. un œu un un œu am un
un œu im un œu am un œu un

6ᵉ §. oi in oi œu oi un oi oi un
oi œu oi oi am oi œu oi un

7ᵉ §. ui oi ui un ui im ui oui un
oui œu ui un oui œu oui am oui
bam dam jam lam nim pim sim tim

— 96 —

55ᵉ LEÇON (suite).

8ᵉ §. boi çoi doi foi joi loi moi noi poi roi soi toi voi choi gnoi bloi ploi proi
9ᵉ §. nœu vœu dun fun lun mun tun zun dui fui lui mui nui pui rui sui tui
10ᵉ §. œuf œur oif oil oir ois œur œuf sœur bœuf soif poil çoir doir soif loir moir noir poir roir soir toir poir voir choir bois mois pois rois frois.
le voi-le, le ci-boi-re, le té-moi-gna-ge, le roi, le la-bo-ra-toi-re, le soir.

Les difficultés à partir de la 44ᵉ leçon sont traitées en grand dans la lecture transitoire.

Il est bon de faire relire fréquemment l'Alphabet afin que l'élève parvienne à le savoir par cœur.

A B C D E F G H I J K L M N
O P Q R S T U V X Y Z
a b c d e f g h i j k l m n o p
q r s t u v x y z

(Propriété de l'Auteur).

www.ingramcontent.com/pod-product-compliance
Lightning Source LLC
Chambersburg PA
CBHW070319100426
42743CB00011B/2483